Master your French vocabulary with CGP!

There are lots of words to learn for GCSE French, but never fear.
This small but mighty Vocabulary Book will see you through!

It covers every word on the Edexcel course, all arranged by topic —
and it's marked up for Higher and Foundation tiers too.

We've also included handy Sentence Builders to help you put
the vocab into practice — you can thank us later!

CGP — still the best! ☺

Our sole aim here at CGP is to produce the highest quality books —
carefully written, immaculately presented and dangerously close to being funny.

Then we work our socks off to get them out to you
— at the cheapest possible prices.

Contents

Section One — General Stuff
Numbers 1
Times 2
Dates 2
Questions 3
Being Polite 3
Opinions 4
Opinions — Verbs 4
Useful Adjectives 5
Useful Nouns 5
Useful Verbs 6
Useful Phrases 7
Sentence Builder — Seasons 8

Section Two — Identity and Relationships
About Yourself 9
My Family and Friends 9
Describing People — Appearance 10
Describing People — Personality 11
Relationships and Partnerships 12
Role Models 12
Celebrations 14
Sentence Builder — Your Family 15

Section Three — Healthy Living and Lifestyle
Habits and Lifestyle 16
Sport and Exercise 16
Mental Wellbeing 17
Illnesses and Treatments 17
Food 18
Sentence Builder — Health 20

Section Four — Free-time Activities
Music 21
Sport 21
Cinema and Theatre 22
Television 22
Hobbies 22
Going Out 23
Sentence Builder — Your Hobbies 24

Section Five — Places in Town
Where You Live 25
The Home 25
The Local Area —
    Places of Interest 26
The Local Area —
    Improving the Town 27
Shopping 27
Directions and Weather 28
Sentence Builder — Your Town 29

Section Six — Environmental and Social Issues
The Natural World 30
Environmental Problems 30
Equality 31
Social Issues 32
Sentence Builder — Environment 34

Section Seven — Social Media and Technology

Technology 35
The Internet 35
Streaming and Gaming 36
Social Media 36
Sentence Builder — Technology 37

Section Eight — School

School Subjects 38
School Life — Going to School 38
School Life — In Class 39
School Life —
    Facilities and Equipment 40
School Pressures and Difficulties —
    Exams 40
School Pressures and Difficulties —
    Rules and Behaviour 41
Sentence Builder — Your School 42

Section Nine — Future Opportunities

Education Post-16 — Next Steps 43
Education Post-16 — University 43
Career Choices and Ambitions —
    At Work 43
Career Choices and Ambitions —
    Jobs 44
Sentence Builder — Your Future 45

Section Ten — Travel and Tourism

Where to Go 46
Accommodation 46
Travel 47
What to Do 48
Sentence Builder — Your Holidays .. 50

Section Eleven — Nouns, Articles and Linking Words

Determiners 51
Subject Pronouns 51
Object Pronouns 51
Possessives 51
Emphatic Pronouns 52
Reflexive Pronouns 52
Indefinite Pronouns 52
Prepositions 52
Conjunctions 53

Section Twelve — Adjectives and Adverbs

Regular Adjectives 54
Indefinite Adjectives 54
Adverbs 54
Quantifiers and Intensifiers 55
Comparatives and Superlatives 55

Notes 56

Progress Chart 60

Published by CGP.

Editors:
Nathan Mair
Ilana Pearce
Anna Stringer
Alex Thompson

With thanks to Natalie Pomier and Hannah Roscoe for the proofreading.
With thanks to Alice Dent for the copyright research.

ISBN: 978 1 83774 215 8

Printed by Elanders Ltd, Newcastle upon Tyne.
Clipart from Corel®

Based on the classic CGP style created by Richard Parsons

Text, design, layout and original illustrations © Coordination Group Publications Ltd (CGP) 2024
All rights reserved.

Photocopying more than one section of this book is not permitted, even if you have a CLA licence.
Extra copies are available from CGP with next day delivery. • 0800 1712 712 • www.cgpbooks.co.uk

Section One

General Stuff

Numbers

le nombre	number
le numéro	number
zéro	zero
un	one
deux	two
trois	three
quatre	four
cinq	five
six	six
sept	seven
huit	eight
neuf	nine
dix	ten
onze	eleven
douze	twelve
treize	thirteen
quatorze	fourteen
quinze	fifteen
seize	sixteen
dix-sept	seventeen
dix-huit	eighteen
dix-neuf	nineteen
vingt	twenty
vingt et un	twenty-one
vingt-deux	twenty-two
trente	thirty
quarante	forty
cinquante	fifty
soixante	sixty
soixante-dix	seventy
quatre-vingts	eighty
quatre-vingt-dix	ninety
cent	a hundred
mille	a thousand
le million	a million
premier / première	first
second(e)	second
deuxième	second
troisième	third
quatrième	fourth
cinquième	fifth
sixième	sixth
septième	seventh
huitième	eighth
neuvième	ninth
dixième	tenth
centième	hundredth
la moitié	half
le quart	quarter
la majorité	majority

Your days are numbered!

Higher

la plupart (de)	most
une dizaine	about ten
une centaine	about a hundred
le tiers	third
environ	about, approximately
compter	to count

Times

la période	period
l'heure (f)	hour, o'clock
(trois) heures (f)	(three) o'clock
et quart	quarter past
et demie	half past
moins le quart	quarter to
le matin	morning
le midi	midday, lunchtime
l'après-midi (m)	afternoon
le soir	evening
la nuit	night
minuit	midnight
la minute	minute
la seconde	second
tard	late
en retard	late
toujours	always
maintenant	now
en ce moment	at the moment
après	after, afterwards
avant	before
pendant	during
souvent	often
quelquefois	sometimes
de temps en temps	from time to time
normalement	normally, usually
généralement	generally
finalement	finally
longtemps	a long time, a long while

Higher:

la soirée	evening, dinner party
le moment	moment
enfin	finally
parfois	sometimes
d'habitude	usually
presque	nearly
immédiatement	immediately
auparavant	previously, before, formerly
désormais	from now on

Dates

la date	date
lundi	Monday
mardi	Tuesday
mercredi	Wednesday
jeudi	Thursday
vendredi	Friday
samedi	Saturday
dimanche	Sunday
aujourd'hui	today
le jour / la journée	day
demain	tomorrow
hier	yesterday
la semaine	week
le week-end	weekend
l'an (m) / l'année (f)	year
il y a (cinq ans)	(five years) ago
la saison	season

le printemps	spring
l'été (m)	summer
l'automne (m)	autumn
l'hiver (m)	winter
janvier	January
février	February
mars	March
avril	April
mai	May
juin	June
juillet	July
août	August
septembre	September
octobre	October
novembre	November
décembre	December
le mois	month
la fois	time
le présent	present
le passé	past
l'avenir (m)	future
le futur	future
bientôt	soon
dernier / dernière	last
prochain(e)	next
récent(e)	recent
récemment	recently
la veille	the night before, eve
le siècle	century
le lendemain	the next day, following day
quotidien(ne)	daily

Higher: la veille, le siècle, le lendemain, quotidien(ne)

Questions

la question	question
quand ?	when?
pourquoi ?	why?
où ?	where?
comment ?	how?
combien ?	how much / many?, how long? (time)
qui ?	who?
quoi ?	what?
que / qu' ?	what?
quel / quelle ?	which?
est-ce que, est-ce qu'	expression put before a verb that makes a sentence into a question

Being Polite

bonjour	hello
salut	hi, bye
bonsoir	good evening
au revoir	goodbye, bye
(comment) ça va ?	how are you?
ça va (bien)	I'm good / well
bien	well, a lot
mal	badly
voici	here
monsieur	sir, mister, Mr
madame	madam, Mrs
s'il te plaît	please *(informal)*
s'il vous plaît	please *(formal)*

merci (beaucoup)	*thank you (very much)*	car	*because*
de rien	*you are welcome*	si	*yes (in response to a negative question)*
d'accord	*OK*		
désolé(e)	*sorry*	la pensée	*thought*
attention	*attention*	le doute	*doubt*
à bientôt	*see you soon*	la peur	*fear, fright*
H (quel) dommage	*(what a) pity*	contraire	*contrary (adj.)*
		selon	*according to*
		d'un côté	*on one hand*
		d'un autre côté	*on the other hand*
		c'est-à-dire	*in other words, that is to say*

Opinions

l'opinion (f)	*opinion*
l'avis (m)	*opinion*
le côté	*side*
l'idée (f)	*idea*
oui	*yes*
ouais	*yeah*
bien sûr	*of course*
non	*no*
la raison	*reason, right, correct*
le tort	*wrong, incorrect*
l'espoir (m)	*hope*
le plaisir	*pleasure*
la grâce	*grace*
probablement	*probably*
absolument	*absolutely*
peut-être	*maybe, perhaps*
malheureusement	*unfortunately*
ça m'est égal	*I'm not bothered, I don't mind*
parce que	*because*

Opinions — Verbs

adorer	*to love*
aimer	*to like*
préférer	*to prefer*
détester	*to hate*
s'intéresser à	*to be interested (in)*
penser (à)	*to think (of)*
poser	*to pose (a question)*
trouver	*to find*
apprécier	*to appreciate*
noter	*to note, notice*
concerner	*to concern, be relevant to*
raconter	*to tell*
exprimer	*to express*
s'exprimer	*to express oneself*

Useful Adjectives

bon(ne)	*good*
génial(e)	*great*
préféré(e)	*favourite*
parfait(e)	*perfect*
excellent(e)	*excellent*
passionnant(e)	*exciting*
extraordinaire	*extraordinary*
amusant(e)	*funny, fun*
intéressant(e)	*interesting*
heureux / heureuse	*happy, lucky, fortunate*
content(e)	*glad, pleased, happy*
certain(e)	*certain*
clair(e)	*clear*
étonnant(e)	*surprising, amazing, incredible*
ennuyeux / ennuyeuse	*boring*
triste	*sad*
mauvais(e)	*bad*
nul(le)	*rubbish, bad*
terrible	*terrible*
seul(e)	*alone, lonely, only*
gros(se)	*big, large, lots of*
large	*large, wide, big*
double	*double*
maximum	*maximum*
minimum	*minimum*
final(e)	*final*
inclus(e)	*included*
bref / brève	*brief*
H précédent(e)	*previous, preceding*

Useful Nouns

l'affaire (f)	*matter*
les affaires (f)	*belongings, things*
le cas	*case*
la chose	*thing*
le début	*beginning, start*
la décision	*decision*
la définition	*definition*
le détail	*detail*
la difficulté	*difficulty, issue, problem*
l'émotion (f)	*emotion, feelings*
l'exemple (m)	*example*
la fin	*end*
l'importance (f)	*importance*
l'instant (m)	*instant, moment*
le lien	*link*
la liste	*list*
la manière	*manner, way*
le moyen	*means, way*
l'ordre (m)	*order*
la partie	*part*
la possibilité	*possibility*
le sens	*sense, meaning, direction*
la situation	*situation*
la sorte	*sort, kind, type*
le système	*system*

Section One — General Stuff

le truc	thing	
la vérité	truth	

Higher:

l'accent (m)	accent
l'article (m)	article
l'aspect (m)	aspect
l'expression (f)	expression
la façon	way
l'intention (f)	intention
la mémoire	memory
l'origine (f)	origin
la parole	speech, word, speaking
la perte	loss, waste
le reste	rest, remainder
le sourire	smile

Useful Verbs

avoir	to have
changer	to change
croire	to believe
décrire	to describe
dépendre de	to depend on
devenir	to become
dire	to say, tell
espérer	to hope
être	to be
faire	to make, do
finir	to finish
laisser	to let, leave behind
mettre	to put
oublier	to forget
pouvoir	to be able to, can
prononcer	to pronounce
proposer (de)	to propose (to), suggest
rendre	to return, hand in, give back
sourire	to smile
venir	to come
vouloir	to want (to)

Higher:

appartenir	to belong
apporter	to bring (something)
s'asseoir	to sit
créer	to create
décevoir	to disappoint
s'occuper (de)	to look after, take care (of)
oser	to dare
produire	to produce
remercier	to thank
signifier	to mean
souhaiter	to wish
tenir	to hold
toucher	to touch, affect

Useful Phrases

il y a	*there is / there are*
il y aura	*there will be*
il y avait	*there was / there were*
il faut	*it is, it's necessary, must*
je suis d'accord avec	*I agree with*
grâce à	*thanks to*
avoir...ans	*to be... years old*
vouloir dire	*to mean*
qu'est-ce qui ne va pas ?	*what's wrong?*
à l'arrière plan	*in the background*
au premier plan	*in the foreground*

Higher
il est (difficile) de	*it is (difficult) to*
il manque	*it is missing*
il vaut la peine de	*it is worth*
il vaut mieux	*it is better (to)*

Sentence Builder — Seasons

Season's greetings! It's the perfect time to build a ~~snowman~~ sentence...

Have a go at answering this question: **'Quel est ton avis sur les saisons ?'**

Example: J'adore l'été car souvent il fait chaud. À mon avis, l'hiver, c'est nul parce qu'il fait froid. Cependant, j'apprécie le mois de décembre car j'aime aller à des soirées.

Combine words from different columns to create sentences.

J'adore *I love*	le printemps *spring*		généralement *generally*	le temps est agréable. *the weather is nice.*
Je préfère *I prefer*		car *because*	souvent *often*	il fait chaud. *it's hot.*
J'aime *I like*	l'été *summer*		normalement *normally*	je vais en vacances. *I go on holiday.*

Je pense que *I think that*	l'automne, *autumn*	c'est nul *is rubbish*	parce qu' *because*	il fait froid. *it's cold.*
Je trouve que *I find that*		c'est terrible *is terrible*		il y a de la neige. *there's snow.*
À mon avis, *In my opinion,*	l'hiver, *winter*	c'est le pire *is the worst*	car *because*	il pleut tout le temps. *it rains all the time.*

Higher

Cependant, *However,*	j'apprécie *I appreciate*	le mois de novembre *November*	parce qu'il y a beaucoup de *because there are a lot of*	spectacles. *shows.*
				fêtes. *festivals.*
Malgré cela, *Despite that,*	je ne déteste pas *I don't hate*	le mois de décembre *December*	car j'aime aller à des *because I like to go to*	soirées. *dinner parties.*

Variety is the spice of life — use it to season your sentences...

Try expanding on the sentences above by giving more detail about your favourite season — the past tense will come in handy if you fancy being a tad nostalgic.

Section One — General Stuff

Section Two

Identity and Relationships

About Yourself

le nom	name, surname
appeler	to call
s'appeler	to be called
l'âge (m)	age
la date	date
(être) né(e)	(to have been) born
l'identité (f)	identity
la langue	language
français(e)	French
francophone	francophone
anglais(e)	English
britannique	British
canadien(ne)	Canadian
européen(ne)	European
bi(sexuel) / bi(sexuelle)	bi(sexual)
gay	gay
lesbien(ne)	lesbian
hétéro(sexuel) / hétéro(sexuelle)	straight, heterosexual
non-binaire	non-binary
transgenre	transgender
le sexe	sex, gender
le handicap	disability
handicapé(e)	disabled
le fauteuil roulant	wheelchair
la religion	religion
religieux / religieuse	religious
croire	to believe
personnel(le)	personal

Higher:

nommer	to name
introduire	to introduce
se présenter	to introduce oneself
la naissance	birth
la jeunesse	youth
l'allié(e)	ally
la foi	faith

My Family and Friends

la famille	family
familial(e)	family (adj.)
le membre	member
le parent	parent
le père	father, dad
la mère	mother, mum
le beau-père	step-father
la belle-mère	step-mother
le grand-père	grandfather
la grand-mère	grandmother
le fils	son
la fille	daughter
unique	unique, only (child)
le frère	brother
la sœur	sister

le demi-frère	half-brother, step-brother
la demi-sœur	half-sister, step-sister
l'oncle (m)	uncle
la tante	aunt
l'animal (m)	animal, pet
les animaux (m)	animals, pets
le chien	dog
le cheval	horse
le chat	cat
le lapin	rabbit
l'ami(e)	friend
s'entendre (avec)	to get on (with)
rencontrer	to meet (up)
connaître	to know, be familiar with
passer	to spend time
parler	to speak, talk
discuter	to discuss, talk about, chat
aider	to help
l'aide (f)	help, aid
comprendre	to understand
échanger	to exchange
entendre	to hear
écouter	to listen

Higher
la génération	generation
adopter	to adopt
garder	to keep
le souvenir	souvenir, memory
soutenir	to support, sustain

Higher
permettre	to allow, permit
encourager	to encourage
s'excuser	to apologise
l'excuse (f)	excuse
fournir	to provide, supply, give
l'amitié (f)	friendship
meilleur(e)	better, best
jumeau / jumelle / jumeaux / jumelles	twin (adj.)

Describing People — Appearance

la personne	person, people
l'adulte (m/f)	adult
l'enfant (m/f)	child
le garçon	boy
la fille	girl
l'adolescent(e)	teenager
l'homme (m)	man
la femme	woman
jeune	young
le / la jeune	young person
vieux / vieil / vieille	old
le visage	face
les yeux (m)	eyes
les cheveux (m)	hair
long(ue)	long
court(e)	short
grand(e)	great, big, tall
petit(e)	small, little
la taille	size

beau / bel / belle	beautiful, handsome	sérieux / sérieuse	serious, responsible
la couleur	colour	travailleur / travailleuse	hard-working
clair(e)	clear, light, bright	strict(e)	strict
noir(e)	black	spécial(e)	special
blanc(he)	white	patient(e)	patient
blond(e)	blond	ennuyeux / ennuyeuse	boring
rouge	red		
roux	red, ginger	fou / folle	crazy, wild
orange	orange	respecter	to respect, follow
jaune	yellow		
vert(e)	green	le respect	respect
bleu(e)	blue	responsable	responsible
rose	pink	l'indépendance (f)	independence
marron	brown	indépendant(e)	independent
châtain	brown	le type	type, kind, sort
gris(e)	grey		

Higher:

ressembler à	to look like	fier / fière	proud
moyen(ne)	medium, average size	fidèle	loyal, faithful
		le sentiment	feeling
		sembler	to seem
âgé(e)	old	se sentir	to feel
aîné(e)	older, oldest	la responsabilité	responsibility
		la colère	anger

Describing People — Personality

		inquiet / inquiète	worried, anxious
la personnalité	personality	prudent(e)	prudent, careful, cautious
sympa	nice, kind		
agréable	pleasant, nice		
calme	quiet	l'impression (f)	impression
fort(e)	strong, loud, good at	exceptionnel(le)	exceptional

Relationships and Partnerships

le / la partenaire	*partner*
le couple	*couple*
la femme	*wife*
le mari	*husband*
le mariage	*marriage, wedding*
se marier	*to get married*
le mariage du même sexe	*same-sex marriage*
seul(e)	*alone, lonely*
ensemble	*together*
la communication	*communication*
la conversation	*conversation*
l'amour (m)	*love*
regretter	*to regret*
le problème	*problem, issue*
différent(e)	*different*
égal(e)	*equal*
la société	*society*
la tradition	*tradition*
traditionnel(le)	*traditional*
le symbole	*symbol*
la relation	*relationship*
la promesse	*promise*
la faveur	*favour*

Higher
le copain	*friend, mate*
la copine	*friend, mate*
le rapport	*relationship*
le conflit	*conflict*
promettre	*to promise*

Higher
compter (sur)	*to count (on), intend*
se fier (à)	*to rely on (someone)*
s'identifier (à)	*to identify (with), relate (to)*
désirer	*to desire*
communiquer	*to communicate, pass on*
la confiance	*trust*
séparer	*to separate*
se séparer	*to separate, break up*
la séparation	*separation*
l'union (f)	*union*

Role Models

le modèle	*model, role model*
célèbre	*famous*
la célébrité	*celebrity, star*
la carrière	*career*
l'influenceur / l'influenceuse	*influencer*
l'influence (f)	*influence*
inspirer	*to inspire*
le succès	*success*
le fan	*fan, supporter*
suivre	*to follow*
reconnaître	*to recognise*
les médias (m)	*media*
Internet (m)	*internet, web*
la photo	*photo*
l'image (f)	*picture, image*
la vidéo	*video*

Section Two — Identity and Relationships

le journal	newspaper
la télé(vision)	TV, television
la réalité	reality
l'émission (f)	TV programme
la série	series
le film	film, movie
le cinéma	cinema
l'acteur / l'actrice	actor
le rôle	role
le personnage	character
le chanteur / la chanteuse	singer
chanter	to sing
la chanson	song
la musique	music
voir	to see
regarder	to watch
le concert	concert, gig
le spectacle	show
le groupe	group, band
le sport	sport
l'équipe (f)	team
jouer (à un sport)	to play (a sport)
porter	to wear, carry
la mode	fashion
à la mode	fashionable, trendy
le style	style
l'argent (m)	money
le prix	price
la marque	brand, mark
la sécurité	safety
la victime	victim
le secret	secret
annoncer	to announce
voyager	to travel
public / publique	public (adj.)
principal(e)	main, principal
réel(le)	real
international(e)	international
populaire	popular
riche	rich
la société	society
culturel(le)	cultural
local(e)	local
national(e)	national
extraordinaire	extraordinary
privé(e)	private
positif / positive	positive
négatif / négative	negative

Higher

le public	public, audience
la scène	stage, scene
présenter (à)	to present
représenter	to represent
la voix	voice
les paroles (f)	lyrics
l'article (m)	article
la honte	shame
l'inquiétude (f)	worry, anxiety
l'occasion (f)	opportunity, occasion
tolérer	to tolerate
la critique	criticism, review
majeur(e)	major, main

Section Two — Identity and Relationships

Celebrations

la fête	*party, festival*
faire la fête	*to party, have fun*
l'événement (m)	*event*
l'anniversaire (m)	*birthday*
le Nouvel An	*New Year's Day*
la Saint-Sylvestre	*New Year's Eve*
la Fête de la Musique	*World Music Day*
le 14 juillet	*Bastille Day*
la surprise	*surprise*
le cadeau	*present*
la carte	*card*
donner	*to give*
recevoir	*to receive*
ouvrir	*to open*
acheter	*to buy*
envoyer	*to send*
le gâteau	*cake*
inviter	*to invite*
venir	*to come*
partager	*to share*
réunir	*to gather, meet, reunite*
rappeler	*to recall, remind*
se rappeler (de)	*to remember*
passer	*to spend time*
se passer	*to happen, take place*
fêter	*to celebrate*
apprécier	*to appreciate*
profiter de	*to make the most of, take advantage, profit*
surprendre	*to surprise*
offrir (à)	*to offer (someone)*
le bonheur	*happiness*
la joie	*joy*
crier	*to shout*
la fleur	*flower*

(Higher: fêter, apprécier, profiter de, surprendre, offrir (à), le bonheur, la joie, crier, la fleur)

Sentence Builder — Your Family

They may be tricky to get on with, but talking about your family is relative-ly easy...

Use the sentence builder to answer this question: **'Parle-moi de ta famille.'**

Example: Ma mère est petite et très belle. Je m'entends bien avec ma tante parce qu'elle est toujours positive. Ma relation avec mon oncle est forte et il me soutient.

Ma mère *My mother*	est *is*	petit(e) *small*	et assez *and quite*	beau / belle. *handsome / beautiful.*
Mon père *My father*		grand(e) *tall*	et vraiment *and really*	patient(e). *patient.*
Mon frère *My brother*	était *was*	sympa *kind*	et très *and very*	calme. *quiet.*
		agréable *nice*		

Je m'entends bien avec *I get on well with*	ma sœur *my sister*	parce qu'elle est *because she is*	toujours *always*	travailleuse. *hardworking.*
	ma tante *my aunt*			active. *active.*
Je respecte *I respect*	ma belle-mère *my step-mother*		extrêmement *extremely*	positive. *positive.*

Higher

Mon rapport avec *My relationship with*	mon beau-père *my step-father*	est *is*	unique *unique*	et il me soutient. *and he supports me.*
Ma relation avec *My relationship with*	mon frère jumeau *my twin brother*		fort(e) *strong*	mais je ne peux pas compter sur lui. *but I can't count on him.*
Mon amitié avec *My friendship with*	mon oncle *my uncle*		spécial(e) *special*	

Hey, no hitting your sibling — unless it's with a punchy joke...

Now have a go at making some of your own sentences — if you find yourself stuck for vocab, have another look through this section for inspiration. Bonne chance!

Section Two — Identity and Relationships

Healthy Living and Lifestyle

Habits and Lifestyle

la santé	health
sain(e)	healthy
malsain(e)	unhealthy
bon(ne)	good
mauvais(e)	bad
rester	to stay
dormir	to sleep
lever	to lift, raise
se lever	to get up
tôt	early
le lit	bed
la fois	time
la drogue	drug(s)
le danger	danger
dangereux / dangereuse	dangerous
fatigant(e)	tiring, exhausting
causer	to cause
la cause	cause
essayer (de)	to try
arrêter (de)	to stop (doing something), to arrest
difficile	difficult
se reposer	to rest
dépendre (de)	to depend (on)
le risque	risk
prévenir	to warn
empêcher (de)	to prevent (someone from)

Higher:

risquer (de)	to risk (doing something)
refuser (de)	to refuse (to)
la menace	threat
éviter (de)	to avoid (doing something)
cesser	to stop
maintenir	to maintain
nuire (à)	to harm (someone)

Sport and Exercise

l'exercice (m)	exercise
l'activité (f)	activity
actif / active	active
physique	physical
le sport	sport
sportif / sportive	sporty, sports
jouer (à un sport)	to play (a sport)
faire (de)	to do, play
le foot(ball)	football
courir	to run
marcher	to walk
danser	to dance
la natation	swimming
le mouvement	movement
l'effort (m)	effort
la forme	shape
en forme	in shape, fit, healthy
la vie	life

fort(e)	strong	la tête	head
faible	weak	les yeux (m)	eyes
l'équipe (f)	team	l'oreille (f)	ear
bouger	to move	la bouche	mouth
la piscine	swimming pool	le nez	nose
le terrain	pitch (sports)	la langue	tongue
le centre sportif	sports centre	la gorge	throat

Higher:
l'esprit (m)	spirit	le corps	body
mener	to lead	le cœur	heart
s'entraîner	to train	le ventre	belly, stomach
le poids	weight	le dos	back
le gymnase	gym	le bras	arm

la main	hand
le doigt	finger
la jambe	leg
le pied	foot

Mental Wellbeing

triste	sad	médical(e)	medical
heureux / heureuse	happy	l'hôpital (m)	hospital
mental(e)	mental	la pharmacie	pharmacy, chemist
pleurer	to cry		
stressé(e)	stressed		

Higher:
le souci	worry	le / la médecin	doctor
l'inquiétude (f)	worry, anxiety	le rendez-vous	appointment
inquiétant(e)	worrying	le médicament	medicine, pill
le soutien	support	qu'est-ce qui ne va pas ?	what's wrong?

Illnesses and Treatments

la maladie	illness	allergique	allergic
malade	ill	améliorer	to improve
le virus	virus	sauver	to save, rescue
tomber	to fall	traiter	to treat, handle, deal with
avoir mal (à)	to ache, hurt	le traitement	treatment
l'accident (m)	accident	prendre	to take, have
mort(e)	dead	la science	science
lutter	to fight, struggle, battle	l'être (m)	being

Section Three — Healthy Living and Lifestyle

Higher

humain(e)	human
la fièvre	fever, temperature
se blesser	to hurt oneself, injure oneself
se brûler	to burn oneself
souffrir	to suffer, be in pain
conscient(e)	conscious, aware
grave	serious, grave
se sentir	to feel
la peau	skin
le sang	blood
conseiller (à... de)	to advise, (someone to do something)
le conseil	advice
efficace	efficient
l'urgence (f)	emergency
le soin	care
le secours	help, aid, assistance (in an emergency)

Food

manger	to eat
le pain	bread
la baguette	baguette, French stick
l'œuf (m)	egg
le poisson	fish
la viande	meat
le légume	vegetable
le fruit	fruit
le fromage	cheese
les pâtes (f)	pasta
le riz	rice
les frites (f)	chips
la glace	ice cream, ice
le chocolat	chocolate
le fastfood	fast food, fast food restaurant
la pâtisserie	patisserie, cake shop
le sucre	sugar
boire	to drink
l'eau (f)	water
le café	coffee, café, coffee house
le thé	tea
le lait	milk
la cuisine	cooking, kitchen
le goût	taste
végan(e)	vegan
végétarien(ne)	vegetarian
préparer	to prepare
couper	to cut
se couper	to cut oneself
la recette	recipe
délicieux / délicieuse	delicious
la faim	hunger
la soif	thirst
le repas	meal
le petit-déjeuner	breakfast
le déjeuner	lunch
l'entrée (f)	starter

Ouch.

Section Three — Healthy Living and Lifestyle

le dessert	*dessert*
recommander	*to recommend*
les restes	*leftovers*
conserver	*to keep, preserve*
bon appétit !	*enjoy your meal!*
l'énergie (f)	*energy*
la nourriture	*food*
la boisson	*drink*
le produit	*product*
sentir	*to smell*
goûter	*to taste, try*
contenir	*to contain*
le régime	*diet, regime*

(la nourriture → le régime: **Higher**)

frais / fraîche	*fresh, cool*
aigre	*sour*
sucré(e)	*sweet, sugary*
savoureux / savoureuse	*tasty*
le plat	*dish, course*
l'assiette (f)	*plate*
le verre	*glass*
le couteau	*knife*
la fourchette	*fork*
la cuillère	*spoon*
la bouteille	*bottle*
supplémentaire	*extra, additional*

(l'assiette → supplémentaire: **Higher**)

Section Three — Healthy Living and Lifestyle

Sentence Builder — Health

They say that health is wealth, but I say feta is better. OK, time to talk health.

Answer this question: **'Qu'est-ce que tu fais pour rester en bonne santé ?'**

Example: Le soir, je mange un repas léger car c'est meilleur pour la santé. Je m'entraîne au centre sportif tous les lundis pour rester en forme. Quand je me suis blessé, je suis allé à l'hôpital pour recevoir un traitement.

Pour le déjeuner, je prépare *For lunch, I prepare*	un repas léger *a light meal*	parce que *because*		c'est meilleur pour la santé. *it's better for my health.*
	des fruits *fruit*			je n'aime pas le fastfood. *I don't like fast food.*
Le soir, je mange *In the evening, I eat*	des légumes *vegetables*	car *because*		ça me donne de l'énergie. *it gives me energy.*
	[H] un plat végétarien *a vegetarian dish*			

Je cours *I run*	au terrain de sport *at the sports ground*	le matin *in the mornings*	pour *in order to*	rester en forme. *stay in shape.*
Je fais du vélo *I cycle*				m'amuser. *enjoy myself.*
Je danse *I dance*	au centre sportif *at the sports centre*	tous les lundis *every Monday*		rester en bonne santé. *stay healthy.*
[H] Je m'entraîne *I train*	au parc *at the park*	chaque week-end *every weekend*		être plus fort(e). *be stronger.*

Higher

Quand je me suis blessé(e), *When I hurt myself,*	je suis allé(e) à l'hôpital *I went to the hospital*	pour *in order to*	recevoir un traitement. *receive treatment.*
			recevoir des conseils. *receive advice.*
Quand je me suis brûlé la main, *When I burnt my hand,*	je suis allé(e) chez le médecin *I went to the doctor's*		obtenir des médicaments. *get some medicine.*
Quand j'étais malade, *When I was ill,*	j'ai pris rendez-vous *I made an appointment*		prendre soin de ma santé. *look after my health.*

I used to think that chips were bad for my health...
...so I stopped thinking. Next, write about exercise. How do you keep fit? Why?

Section Three — Healthy Living and Lifestyle

Free-time Activities

Music

la musique	music
jouer (de)	to play (an instrument)
l'instrument (m)	instrument
apprendre (à)	to learn (to)
le chanteur / la chanteuse	singer
chanter	to sing
la chanson	song
écouter	to listen (to)
le concert	concert, gig
le membre	member
le groupe	group, band
classique	classic, classical
populaire	popular
le rythme	rhythm
Internet (m)	internet, web
télécharger	to download
le genre	genre, type, sort
les paroles (f)	lyrics

Sport

le sport	sport
l'exercice (m)	exercise
faire	to do (a sport)
pratiquer	to practise
marcher	to walk
courir	to run
monter	to go up
participer (à)	to take part (in), participate (in)
la santé	health
actif / active	active
sportif / sportive	sporty, sports
le vélo	bike, bicycle, cycling
la natation	swimming
danser	to dance
la danse	dance
le stade	stadium
le centre	centre
le centre sportif	sports centre
la piscine	swimming pool
le terrain	(sports) pitch, ground
le Tour de France	the Tour de France
le foot(ball)	football
le tennis	tennis
le basket	basketball
le handball	handball
le match	match
l'événement (m)	event
le jeu	game
le joueur / la joueuse	player
l'équipe (f)	team
gagner	to win, earn
perdre	to lose

dangereux / dangereuse	*dangerous*	

Higher:
l'athlétisme (m)	*athletics*
la piste	*track, trail*
le concours	*competition*
blesser	*to hurt, injure*
se blesser	*to hurt oneself, injure oneself*

Cinema and Theatre

le cinéma	*cinema*
montrer	*to show*
regarder	*to watch, look at*
voir	*to see*
le film	*film, movie*
le billet	*ticket*
l'action (f)	*action*
l'horreur (f)	*horror*
le film d'action	*action film*
l'histoire d'amour (f)	*romance*
l'acteur / l'actrice	*actor / actress*
le personnage	*character*
le théâtre	*theatre, drama*
la tragédie	*drama (tragedy)*
la comédie	*comedy*
rire	*to laugh*
passionnant(e)	*exciting*

Higher:
la séance	*film screening, session*
la scène	*stage, scene*
la pièce	*play*

Television

la télé(vision)	*television, TV*
l'émission (f)	*TV programme, broadcast*
le programme	*programme*
les informations (f)	*news, information*
la réalité	*reality*
la série	*series, soap opera*
la chaîne	*channel, chain*
l'effet (m)	*effect*
les effets spéciaux (m)	*special effects*
le titre	*title*
célèbre	*famous*
la célébrité	*celebrity*
le fan	*fan, supporter*

H:
l'écran (m)	*screen*
le documentaire	*documentary*

Hobbies

le loisir	*leisure, leisure activity, hobby*
l'activité (f)	*activity*
la passion	*passion*
l'association (f)	*organisation, club*
libre	*free, available*
le temps	*time, weather*
le temps libre	*free time*
s'intéresser (à)	*to be interested in*
s'amuser	*to enjoy oneself*

Section Four — Free-time Activities

plaire (à)	to please (someone)
essayer (de)	to try (to)
former	to form
lire	to read
le livre	book
la lecture	reading
la photo	photo
la création	creation
le tableau	painting, picture
l'ordinateur portable (m)	laptop
le jeu vidéo	video game

Higher:
observer	to observe, watch
tenter (de)	to try, attempt
le roman	novel
l'œuvre (f)	work
le don	gift, talent
s'ennuyer	to be bored, get bored

Going Out

sortir	to go out
aller	to go
le centre commercial	shopping centre
la valeur	value
gratuit(e)	free
le parc	park
la fête	party
le festival	festival
le restaurant	restaurant
le soleil	sun
l'ami(e)	friend
le copain	friend, mate
la copine	friend, mate
la tendance	trend, tendency
habituel(le)	usual
occupé(e)	busy
manger	to eat
la cuisine	cooking
le repas	meal
l'entrée (f)	starter
la carte	menu, credit card
la table	table
commander	to order
(à) emporter	to take away, take, remove
réserver	to reserve, book
ouvert(e)	open, opened

Higher:
la nourriture	food
le plat	dish, course
l'addition (f)	bill

Sentence Builder — Your Hobbies

With such a busy social life, talking about it all should be a walk in the park...

Answer this question: **'Qu'est-ce que tu aimes faire pendant ton temps libre ?'**

Example: Je trouve que lire est plus amusant que regarder la télé. Je déteste aller à des matchs de foot; je préfère courir dans le parc. Quand j'étais jeune, je jouais dans un groupe de musique avec mes copains presque tous les jours.

À mon avis, *In my opinion,*	aller au cinéma *going to the cinema*	est plus *is more*	amusant *fun*		regarder la télé. *watching TV.*
Je trouve que / qu' *I find that*	prendre des photos *taking photos*	est moins *is less*	intéressant *interesting*	que than / as	faire de la natation. *going swimming.*
H Selon moi, *According to me,*	lire *reading*	est aussi *is as*	passionnant *exciting*		jouer à des jeux vidéo. *playing video games.*

Je déteste *I hate* Je n'aime pas *I don't like*	aller à des matchs de foot; *going to football matches;* faire des gâteaux; *making cakes;* regarder des événements sportifs; *watching sports competitions;*	je préfère *I prefer* j'aime *I like*	courir dans le parc. *running in the park.* écouter de la musique. *listening to music.* aller à un festival. *going to a festival.*

Higher

Quand j'étais jeune, *When I was young,* Quand j'avais dix ans, *When I was ten,*	je jouais dans un groupe de musique *I used to play in a music group* je chantais *I used to sing* je faisais du vélo *I used to cycle*	avec mes copains / copines *with my friends* avec mon ami(e) *with my friend*	deux fois par mois. *twice a month.* chaque semaine. *every week.* presque tous les jours. *nearly every day.*

My hobby is stand-up comedy — it's fun but my legs get tired...
Now try writing about what your friends and family like to do. It's not *all* about you...

Section Five: Places in Town

Where You Live

habiter	to live
l'adresse (f)	address
le / la voisin(e)	neighbour
le village	village
la ville	town, city
la capitale	capital city
le pays	country
la région	region
régional(e)	regional
la province	province
la rue	street
la route	road, way, route
le coin	corner
le bord	edge, side
le bâtiment	building
le terrain	ground
la côte	coast
la montagne	mountain
la forêt	forest
la campagne	countryside
la ferme	farm
le lac	lake
où	where
sûr(e)	safe
calme	quiet
le trafic	traffic
national(e)	national
international(e)	international
global(e)	global

Higher

l'habitant(e)	inhabitant, resident
situer	to situate, locate
se situer	to be situated, be located
exister	to exist
vivre	to live
la banlieue	suburbs
la cité	(council) estate
le chemin	way, path
le champ	field
la rivière	river
le paysage	landscape
vaste	huge, vast, enormous

The Home

la maison	house, home
l'appartement (m)	apartment, flat
l'immeuble (m)	building, block of flats
chez	at (the house of), to (the house of), with
la porte	door
la fenêtre	window
la clé	key
le sol	floor, ground
le jardin	garden
l'animal (m)	animal, pet
les animaux (m)	animals, pets

la salle	room
le mur	wall
la chambre	bedroom
le lit	bed
la cuisine	kitchen, cooking
la table	table
la boîte	box
les toilettes	toilets
idéal(e)	ideal
propre	clean, proper, own
énorme	enormous, big
historique	historical
moderne	modern

Higher:

le foyer	home
l'étage (m)	floor (of a building)
l'escalier (m)	stairs
l'ascenseur (m)	lift
la pièce	room, coin
la couverture	blanket
construire	to build, construct
posséder	to own, have, possess

The Local Area — Places of Interest

visiter	to visit
aller	to go
le quartier	neighbourhood
la place	square, place
l'endroit (m)	place, spot
la zone	zone
l'espace (m)	space
le pont	bridge
la tour	tower
le stade	stadium
l'hôtel (m)	hotel
le château	castle
le musée	museum
le parc	park
le centre	centre
la plage	beach
la piscine	swimming pool
la poste	post office
la banque	bank
l'hôpital (m)	hospital
le cinéma	cinema
le café	café, coffee house
le restaurant	restaurant
le marché	market
le supermarché	supermarket
la boulangerie	bakery
la pâtisserie	patisserie, cake shop
la sortie	exit, outing
central(e)	central
ancien(ne)	former, ancient, old
neuf / neuve	new
nouveau / nouvel / nouvelle	new

H:

le lieu	place
la bibliothèque	library

Section Five — Places in Town

The Local Area — Improving the Town

l'organisation (f)	organisation
la station	(bus) stop, (tube) station
la gare	station
le port	port, harbour
public / publique	public
social(e)	social
local(e)	local
vert(e)	green
divers(e)	various, diverse

Higher:
le siège	seat
le véhicule	vehicle
l'arrêt (m)	stop
l'avantage (m)	advantage, pro
le besoin	need
le manque	lack
efficace	efficient

Shopping

le magasin	shop, shopping
le centre commercial	shopping centre
les courses (f)	shopping
les vêtements (m)	clothes
la mode	fashion
à la mode	fashionable, trendy
tendance	fashionable, trendy
la marque	brand, mark
habiller	to dress
s'habiller	to get dressed
porter	to wear
essayer	to try
la caisse	checkout, till
la vente	sale
le prix	price
payer	to pay for
coûter	to cost
acheter	to buy
vendre	to sell
l'euro (m)	euro
comparer	to compare
la différence	difference
cher / chère	expensive, dear
gratuit(e)	free
la chemise	shirt
la cravate	tie
le pull	jumper
la jupe	skirt
la robe	dress
le pantalon	trousers
la chaussure	shoe
la chaussette	sock
les baskets (m)	trainers
les lunettes (f)	glasses
confortable	comfortable
ça va bien	it fits

Higher:
dépenser	to spend (money)
l'achat (m)	purchase
la consommation	consumption
l'envie (f)	wish, desire, want
les espèces (f)	cash

Section Five — Places in Town

la veste (H)	jacket
moulant(e) (H)	tight

Directions and Weather

la direction	direction
la distance	distance
le plan	map
le feu	traffic light
la droite	the right
la gauche	the left
droit(e)	right, straight (adj.)
devant	in front of
derrière	behind, at the back
dessus	on top, above
dessous	underneath, below
entre	between
la face	front, face, side
le fond	bottom, back
dehors	outside, outdoors
voici	here is
ici	here
là	there
là-bas	over there
près (de)	nearby, close by, near
proche	near
loin (de)	far
bas(se)	low
traverser	to cross
tourner	to turn, go round
décrire	to describe
donner	to give
le mètre	metre
le kilomètre	kilometre
le nord	north
le sud	south
l'est (m)	east
l'ouest (m)	west
le temps	weather, climate
climatique (adj.)	climate
le soleil	sun
chaud(e)	hot
froid(e)	cold
il fait (beau)	it is / it's (nice)
il y a du brouillard	it's foggy
la neige	snow
il neige	it snows, it's snowing
il pleut	it rains, it's raining
le vent	wind
autour (Higher)	around
partout (Higher)	everywhere
le signe (Higher)	sign
envers (Higher)	towards
sec / sèche (Higher)	dry
pleuvoir (Higher)	to rain
il a plu (Higher)	it rained
humide (Higher)	wet, humid, moist

Section Five — Places in Town

Sentence Builder — Your Town

The town your ancestors built has nothing on the sentences you're about to build...

Use the sentence builder to answer this question: **'Parle-moi de ta ville.'**

Example: Ma ville se trouve près de la capitale. Dans mon quartier, il y a beaucoup de ponts, mais il n'y a pas de bibliothèque. L'hôpital de la région s'occupe de la santé de tous les gens de la banlieue.

Ma région *My region*	est *is*	près de *near to*	la mer du Nord. *the North Sea.*
Ma ville *My town*	se trouve *is situated*	à l'ouest de *to the west of*	la forêt. *the forest.*
Mon village *My village*	se situe *is situated*	à côté de *next to*	belles montagnes. *beautiful mountains.*
			la capitale. *the capital city.*

Dans mon quartier, il y a *In my neighbourhood, there are*	beaucoup de *a lot of*	bâtiments, *buildings,*		château. *castle.*
	quelques *some*	ponts, *bridges,*	mais il n'y a pas de *but there isn't a*	musée. *museum.*
Dans ma ville, il y a *In my town, there are*	trop de *too many*	cinémas, *cinemas,*		marché. *market.*
		postes, *post offices,*		bibliothèque. *library.*

Higher

L'hôpital de la région *The regional hospital*	répond efficacement aux urgences médicales *responds efficiently to the medical emergencies*	de tous les habitants *of all the residents*	de la province. *in the province.*
			de la banlieue. *in the suburb.*
	s'occupe de la santé *takes care of the health*	de tous les gens *of everyone*	de la cité. *on the council estate.*

We're really sky-scraping the bottom of the jokes barrel now...
What else is there in your town? Write another sentence that gives lots of details.

Section Five — Places in Town

Section Six

Environmental and Social Issues

The Natural World

la nature	nature
le monde	world
naturel(le)	natural
la planète	planet
la terre	earth, ground
la forêt	forest
la montagne	mountain
le ciel	sky
l'air (m)	air
la mer	sea
l'eau (f)	water
sauver	to rescue, save
protéger	to protect
la protection	protection
le progrès	progress
la science	science
rechercher	to look for, search, collect
la recherche	research
l'information (f)	information
l'effort (m)	effort
améliorer	to improve
important(e)	important

Higher:

l'arbre (m)	tree
l'espèce (f)	species, type, kind
la lumière	light

Environmental Problems

l'environnement (m)	environment
le changement	change
la destruction	destruction
la catastrophe	catastrophe
la crise	crisis
le danger	danger
dangereux / dangereuse	dangerous
la nécessité	necessity
causer	to cause
la cause	cause
jeter	to throw (away / out)
le plastique	plastic
le bois	wood, woods
le papier	paper
l'or (m)	gold
conduire	to drive, lead
le transport	transportation
la voiture	car
le trafic	traffic
la pollution	pollution
le bruit	noise
sérieux / sérieuse	serious, responsible
remplir	to fill (up / in)
vide	empty
la qualité	quality
la quantité	quantity

la population	population
l'action (f)	action
la ressource	resource
l'énergie (f)	energy
réduire	to reduce
recycler	to recycle
le recyclage	recycling
zéro	zero
climatique	climate (adj.)
mondial(e)	global, world
l'inondation (f)	flood
menacer (de)	to threaten (to)
la menace	threat
le dommage	damage
disparaître	to disappear
détruire	to destroy
brûler	to burn
ignorer	to ignore, not know
risquer	to risk
le taux	rate
grave	serious, important, grave
sérieusement	seriously
l'explication (f)	explanation
se souvenir de	to remember
remplacer	to replace, swap
sombre	dark
le pire	the worst
la conséquence	consequence
contribuer	to contribute
augmenter	to increase
baisser	to lower, turn down
les déchets (m)	rubbish, waste
la circulation	traffic
réutiliser	to reuse
prévenir	to warn
agir	to act
adapter	to adapt
limiter	to limit
l'acte (m)	act, gesture
conscient(e)	conscious, aware
durable	durable, sustainable
renouvelable	renewable

Equality

l'égalité (f)	equality
égal(e)	equal
l'identité (f)	identity
le sexisme	sexism
le racisme	racism
le handicap	disability
handicapé(e)	disabled
le fauteuil roulant	wheelchair
le respect	respect
respecter	to respect
bisexuel(le)	bisexual
gay	gay
lesbien(ne)	lesbian
hétéro, hétérosexuel(le)	straight
le mariage du même sexe	same-sex marriage

Section Six — Environmental and Social Issues

non-binaire	non-binary
transgenre	transgender
différent(e)	different
l'être (m)	being

Higher:
humain(e)	human (adj.)
la liberté	freedom
libérer	to free, set free, release

la représentation	representation
la discrimination	discrimination
la minorité	minority
l'individu (m)	individual
civil(e)	civil
la communauté	community

Higher:
multiculturel(le)	multicultural
intégrer	to integrate
s'intégrer	to fit in
tolérer	to tolerate
l'allié(e)	ally
fier / fière	proud
la fierté	pride
la paix	peace
la volonté	will, desire
profond(e)	deep, profound
développer	to develop

Social Issues

le problème	problem, issue
le crime	crime
arrêter	to stop, arrest
juste	fair, just, only
la justice	justice
la cour	court
la prison	prison
le choc	shock, clash
la solution	solution
lutter	to struggle, fight, battle
la violence	violence
extrême	extreme
pauvre	poor
la faim	hunger
l'attitude (f)	attitude
la victoire	victory, winning
la société	society
l'unité (f)	unity
l'association (f)	organisation, charity, association
commun(e)	common

Higher:
le vol	robbery
voler	to steal
la lutte	fight
le conflit	conflict
combattre	to fight
le chômage	unemployment
l'écart (m)	gap
inquiet / inquiète	worried, anxious

l'inquiétude (f)	worry, anxiety
le souci	worry
se soucier (de)	to show concern for
moral(e)	moral
la honte	shame

Higher:
l'avantage (m)	advantage, pro

l'inconvénient (m)	disadvantage, con, inconvenience
cacher	to hide
se cacher	to hide (oneself)
échapper (à)	to escape (from)
s'échapper (de)	to escape (from)
actuel(le)	current, present
immédiat(e)	immediate
l'enquête (f)	survey
le don	donation
considérer	to consider
défendre	to defend
défendre de	to forbid, ban
juger	to judge
imposer	to impose
manifester	to demonstrate, show
la manifestation	demonstration, protest
convaincre	to convince
résoudre	to solve, resolve
voter	to vote
l'état (m)	state, condition
le gouvernement	government
le / la citoyen(ne)	citizen
l'économie (f)	economy
la loi	law
le jugement	judgement
l'accord (m)	agreement
permanent(e)	permanent
contrôler	to check, control
la frontière	border

(Higher)

Section Six — Environmental and Social Issues

Sentence Builder — Environment

Now we've planted the seed, it's time to branch out and make sentences of your own.

> Try answering this question: **'Comment protéger l'environnement ?'**

Example: Il faut recycler le plastique pour protéger la planète. J'essaie d'utiliser moins d'énergie à cause des niveaux de pollution. Si les gens n'adaptent pas leur comportement, certaines espèces vont disparaître.

Il faut *You must*		le papier *paper*	pour aider *to help*	la planète. *the planet.*
On doit *We must*	recycler *recycle*	le plastique *plastic* les vêtements *clothes*		l'environnement. *the environment.*
On peut *We can*		le bois *wood*	pour protéger *to protect*	la nature. *nature.*

J'essaie de / d' *I try to*	utiliser moins d'énergie *use less energy*		des problèmes de l'environnement. *environmental problems.*
	aller à l'école à pied *go to school on foot*	à cause *because of*	des niveaux de pollution. *pollution levels.*
J'ai commencé à *I have begun to*	prendre le bus *take the bus*		de la crise climatique. *the climate crisis.*

Higher

Si les gens *If people*	n'adaptent pas leur comportement, *don't adapt their behaviour,*	certaines espèces vont disparaître. *some species will disappear.*
Si les gouvernements *If governments*	n'agissent pas, *don't act,*	
Si les communautés *If communities*	ne sont pas conscient(e)s des risques pour la planète, *aren't aware of the risks for the planet*	le taux de destruction va augmenter. *the rate of destruction will increase.*

I think I'll switch off soon...

> **Ghosts are so energy conscious — they're super natural...**
> Now have a go at talking about an environmental problem in your city or local area.

Section Six — Environmental and Social Issues

Social Media and Technology

Technology

la technologie	technology
l'ordinateur portable (m)	laptop
neuf / neuve	(brand) new
nouveau, nouvelle, nouvel	new
le portable	mobile phone
le téléphone	telephone
la tablette	tablet
le numéro	number
l'e-mail (m)	e-mail
le message	message
envoyer	to send
recevoir	to receive
répondre (à)	to answer, reply (to)
écouter	to listen to
téléphoner	to phone
marcher	to function
fonctionner	to function, work
charger	to load, charge
la version	version
le volume	volume
électrique	electric
la science-fiction	sci-fi

Higher:
l'appareil (m)	device, apparatus
les écouteurs (m)	headphones, earbuds
l'écran (m)	screen
l'objet (m)	object, subject line
le code	code
la lumière	light
enregistrer	to record
communiquer	to communicate

The Internet

Internet (m)	internet, web
en ligne	online
le site	site
le mot	word
sûr(e)	safe, sure, certain
la sécurité	security, safety
le danger	danger
dangereux / dangereuse	dangerous
protéger	to protect
la protection	protection
la victime	victim
le risque	risk
la santé	health
l'action (f)	action
prendre	to take
le mot de passe	password

Higher:
voler (à...)	to steal (from someone)
le vol	theft
vérifier	to check

l'accès (m) [H]	access
les données (f) [H]	data

Streaming and Gaming

le streaming	streaming
la télé(vision)	television / TV
l'émission (f)	TV programme, broadcast
le film	film, movie
la série	series
regarder	to watch, look at
facile	easy
rapide	fast, quick
direct(e)	direct
directement	directly, straight away
la console	console
jouer (à)	to play (something)
le jeu	game
le jeu vidéo	video game
couper	to cut, switch off
télécharger	to download
voir	to see
l'abonnement (m) [H]	subscription
découvrir [H]	to discover

Social Media

les médias (m)	media
le réseau	network
social(e)	social
utiliser	to use
suivre	to follow
partager	to share
la photo	photo
la vidéo	video
l'image (f)	picture, image
l'appli(cation) (f)	app
la conversation	conversation
la communication	communication
le contact	contact
le commentaire	comment, remark
l'ado (m/f), l'adolescent	teenager
jeune	young
le / la jeune	young person
l'influence (f)	influence
l'influenceur / l'influenceuse	influencer
la fois	time
moderne	modern
populaire	popular
négatif / négative	negative
informer	to inform
disponible [Higher]	available
la communauté [Higher]	community
la génération [Higher]	generation
la jeunesse [Higher]	youth
virtuel(le) [Higher]	virtual
inconnu(e) [Higher]	unknown
la cybercriminalité [Higher]	cybercrime, online crime
souffrir [Higher]	to suffer, be in pain
inquiétant(e) [Higher]	worrying
l'inquiétude (f) [Higher]	worry, anxiety
le souci [Higher]	worry

Sentence Builder — Technology

Pause that video game for a sec — it's time to level up your French sentences...

Answer this question: **'Qu'est-ce que tu penses de la technologie ?'**

Example: J'utilise Internet chaque soir pour faire mes devoirs et jouer à des jeux vidéo. Parfois, j'aime partager des photos sur des applications. Mais il y a des risques — c'est important de rester en sécurité car des gens peuvent voler tes données.

J'utilise la technologie *I use technology*	tous les jours *every day*	pour envoyer des messages *to send messages*	et *and*	jouer à des jeux vidéo. *play video games.*
	de temps en temps *from time to time*	pour regarder des films *to watch films*		
J'utilise Internet *I use the internet*	chaque soir *every evening*	pour faire mes devoirs *to do my homework*		télécharger de la musique. *download music.*

That's it, I'm retiring...

Normalement, *Normally,*	j'aime *I like*	partager des photos *to share photos*		sur les réseaux sociaux. *on social networks.*
		acheter des vêtements *to buy clothes*		
Généralement, *Generally,*	j'adore *I love*	suivre les célébrités *to follow celebrities*		sur des sites Internet. *on internet sites.*
Parfois, *Sometimes,* [H]	je préfère *I prefer*	discuter avec des gens *to chat with people*		sur des applications. *on apps.*

Higher

Cependant, *However,*	ça peut être dangereux — *it can be dangerous —*	c'est important de rester en sécurité *it's important to stay safe*	car *because*	on peut être victime de cybercriminalité. *you can be the victim of cybercrime.*
Malgré cela, *Despite this,*				
Mais *But*	il y a des risques — *there are risks —*	il ne faut pas partager trop d'informations *you mustn't share too much information*		des gens peuvent voler tes données. *people can steal your data.*

Despite my fear of spiders, the web doesn't seem so bad...
To extend these sentences, add what you think technology will be like in the future.

School

School Subjects

la matière	subject
le sujet	subject, topic
l'anglais (m)	English
les maths (f)	maths
les sciences (f)	science
la technologie	technology
l'histoire (f)	history
la religion	religion
les langues modernes (f)	modern languages
le français	French
le théâtre	drama
la musique	music
l'art (m)	art

School Life — Going to School

l'école (f)	school
le collège	secondary school
le lycée	college, sixth form
l'éducation (f)	education
scolaire	school (adj.)
étudier	to study
l'élève (m/f)	pupil, student
l'étudiant(e)	student
l'ami(e)	friend
jeune	young
le / la jeune	young person
l'adolescent(e)	teenager
la quatrième	Year 9
la troisième	Year 10
la seconde	Year 11
la première	Year 12
les études (f)	studies
le cours	course, lesson
la leçon	lesson
inclus(e)	included
divers(e)	diverse, various
travailler	to work
la classe	class, classroom
la pause	break(time)
septembre	September
la journée	day
la semaine	week
l'année (f)	year
les vacances (f)	holidays
le voyage	journey
commencer (à)	to start, begin (to)
arriver (à)	to arrive (at), manage (to)
quitter	to leave
durer	to last
la fois	time
le retard	delay
continuer (de)	to continue, go on, carry on

rentrer	to go back in, return	le texte	text
la rentrée	start of school year	l'histoire (f)	story
		l'exercice (m)	exercise
prêt(e)	ready	l'expérience (f)	experience, experiment
l'emploi du temps (m) [H]	timetable	le niveau	level
		comprendre	to understand

School Life — In Class

l'enseignement (m)	teaching	lever	to lift, raise
le / la prof(esseur)	teacher	se lever	to get up
savoir	to know (how to), can	assis(e)	sitting, seated
		utile	useful
connaître	to know (a person)	inutile	useless
		passionnant(e)	exciting
apprendre (à)	to learn (to)	difficile	difficult
demander	to ask	dur(e)	hard (adj.)
se demander	to wonder, ask oneself	dur	hard (adv.)
		facile	easy
la réponse	answer, response, reply	simple	simple, plain
		pratique	practical, convenient
écrire	to write	idéal(e)	ideal
pratiquer	to practise	enseigner (à) [Higher]	to teach
mériter (de)	to deserve (to)	la compétence [Higher]	competence, skill, ability
inspirer	to inspire		
discuter	to discuss	la connaissance [Higher]	knowledge
la passion	passion	la discussion [Higher]	discussion
les devoirs (m)	homework	capable [Higher]	capable
le thème	theme, topic	le renseignement [Higher]	piece of information
la communication	communication		
l'information (f)	information	le roman [Higher]	novel
lire	to read	la scène [Higher]	scene
la lecture	reading	imaginer [Higher]	to imagine
le livre	book, textbook	se concentrer [Higher]	to concentrate
la page	page		

Higher

encourager (à)	*to encourage (to)*
expliquer	*to explain*
l'explication (f)	*explanation*
l'objectif (m)	*objective*
le point	*point*
s'asseoir	*to sit*
conscient(e)	*conscious, aware*

School Life — Facilities and Equipment

l'espace (f)	*space, room*
la salle	*room*
la cour	*playground, court*
les toilettes (f)	*toilet(s)*
la piscine	*swimming pool*
le bus	*bus*
l'équipement (m)	*equipment*
le sac	*bag, sack*
le tableau	*board, picture, painting*
l'e-mail (m)	*email*
la lettre	*letter*
le stylo	*pen*
la règle	*ruler*
le cahier	*exercise book*
le club	*club*
le football	*football*
l'activité (f)	*activity*
l'équipe (f)	*team*
organiser	*to organise*
H la bibliothèque	*library*

Higher

le gymnase	*gym (sports hall)*
la scène	*stage*
l'écran (m)	*screen*
prêter	*to lend*
emprunter (à)	*to borrow (from)*

School Pressures and Difficulties — Exams

l'examen (m)	*exam, test*
passer	*to take (an exam)*
préparer	*to prepare*
améliorer	*to improve*
l'effort (m)	*effort*
l'erreur (f)	*mistake, error*
essayer (de)	*to try*
la chance	*luck*
sérieux / sérieuse	*serious, important*
réussir (à)	*to succeed (in), pass*
le succès	*success*
le résultat	*result*
la note	*mark, grade, note*
gagner	*to win, earn*
nul(le)	*rubbish, bad*
faible	*weak*
fort(e)	*strong, good at*
le but	*goal, aim, purpose*
répéter	*to repeat*
la présentation	*presentation*

accepter	to accept
la pression	pressure
stressé(e)	stressed
l'épreuve (f)	test
le courage	courage, bravery
l'échec (m)	failure
la réussite	success
obtenir	to get, obtain, get hold of

(Higher: accepter through obtenir)

School Pressures and Difficulties — Rules and Behaviour

devoir	to have to, must
attendre	to wait
la règle	rule
le silence	silence
interdire (de)	to forbid, ban
l'uniforme (m)	uniform
porter	to wear, carry
les vêtements	clothes
la chemise	shirt
le pantalon	trousers
la poche	pocket
se changer	to get changed
la mode	fashion
terrible	terrible
strict(e)	strict
ennuyeux / ennuyeuse	boring
travailleur / travailleuse	hard-working
responsable	responsible
respecter	to respect, follow
le respect	respect
l'égalité (f)	equality
égal(e)	equal
l'indépendance (f)	independence
indépendant(e)	independent
aider	to help
l'aide (f)	help
le comportement	behaviour
se comporter	to behave
se taire	to be quiet, keep quiet
permettre (à...de)	to allow (someone to do something)
surveiller	to watch, keep an eye on
le harcèlement	bullying, harassment
obliger	to require, force, oblige
sévère	severe, strict, harsh
régler	to settle, set
le principe	principle
la responsabilité	responsibility
la confiance	trust
le soutien	support
le souci	worry
inquiéter	to worry
s'inquiéter (de)	to worry
l'inquiétude (f)	worry, anxiety
inquiet / inquiète	worried

(Higher: le comportement through inquiet / inquiète)

Catch me!

Non.

Sentence Builder — Your School

Ah, school. Everyone's favourite place. Luckily for you, it's time to talk about it...

> Use the sentence builder to answer this question: **'Décris ton école.'**

Example: Dans mon collège, il y a beaucoup d'activités qui m'aident à apprendre de nouvelles choses. Il y a aussi une cour et nous l'utilisons en fin de journée. Cependant, je déteste la rentrée car les profs sont trop sévères.

Dans mon collège, *In my secondary school,*	il y a beaucoup de / d' *there are a lot of*	activités *activities*	qui m'aident à *who / that help me*	apprendre de nouvelles choses. *learn new things.*
Dans mon lycée, *In my college,*		profs *teachers*		
Dans mon école, *In my school,*	on a des *we have*	clubs *clubs*		trouver plus d'informations. *find more information.*

Il y a aussi *There is also*	une piscine *a swimming pool*	et nous l'utilisons *and we use it*		souvent. *often.*
	une cour *a playground*	et nous nous y amusons *and we enjoy ourselves there* (Higher)		tout le temps. *all the time.*
Nous avons *We have*	une H bibliothèque *a library*	et nous y allons *and we go there*		en fin de journée. *at the end of the day.*

Higher:

Cependant, je déteste *However, I hate*	la rentrée *the start of the school year*	parce que *because*		les profs sont trop sévères. *the teachers are too strict.*
				j'ai peur de l'échec. *I'm frightened of failure.*
Cependant, je m'inquiète pour *However, I worry about*	la seconde *Year 11*	car *because*		il y a trop de pression. *there is too much pressure.*

> **Oof, those sentences were absolutely class...**
> If you really want to raise the level, try using the past tense or the conditional to talking about your school. Has it changed at all? How would you like it to change?

Section Eight — School

Future Opportunities

Education Post-16 — Next Steps

le lycée	college, sixth form
le résultat	result
la formation	apprenticeship, training
le progrès	progress
le projet	plan, project
le plan	plan, project
choisir	to choose
le choix	choice
décider (de)	to decide (to)
rêver (à / de)	to dream (of / about)
le rêve	dream
la recherche	research

Higher:
l'occasion (f)	chance, opportunity
le conseil	advice
réfléchir (à)	to reflect (on), think (about)
le chemin	way, path
l'apprenti(e)	apprentice

Education Post-16 — University

l'avenir (m)	future
le futur	future
l'université (f)	university
étudier	to study
l'étudiant(e)	student (university)
la carrière	career
commencer (à)	to start, begin (to)
réussir (à)	to pass, succeed (in)
la condition	condition

Higher:
l'entretien (m)	interview
le champ	field
atteindre	to reach
poursuivre	to pursue
la bourse	scholarship, grant
terminer	to end, finish

Career Choices and Ambitions — At Work

travailler	to work
le travail	work
le poste	job, position
l'affaire (f), les affaires (f)	business
l'entreprise (f)	business, company
l'organisation (f)	organisation
le salaire	salary
le traitement	salary, treatment
l'argent (m)	money
le / la client(e)	customer, client

la grève	strike		
riche	rich		

Career Choices and Ambitions — Jobs

la grève	strike
riche	rich
le bureau	desk, office
vendre	to sell
traduire	to translate
servir	to serve
le service	service
le rôle	role
le contact	contact
l'offre (f)	offer
l'ambition (f)	ambition

Higher
l'œuvre (f)	work, task
refléter	to reflect
l'emploi (m)	employment
l'employé(e)	employee, worker
le métier	job
signer	to sign
la compagnie	company
l'industrie (f)	industry
le chômage	unemployment
l'économie (f)	economy
inventer	to invent
la loi	law

le chef / la cheffe	boss
le / la prof(esseur)	teacher
le policier / la policière	police officer
l'artiste (m/f)	artist
le / la médecin	doctor
l'acteur / l'actrice	actor
le chanteur / la chanteuse	singer
l'influenceur / l'influenceuse	influencer
le / la président(e)	president
la poste	post office
la banque	bank
la boulangerie	bakery
la police	police, police station

Higher
le gouvernement	government
le / la patron(ne)	boss
le directeur / la directrice	headteacher, boss
le courrier	mail
professionnel(le)	professional
construire	to build
le commissariat	police station

Sentence Builder — Your Future

Time to unveil your future plans... No, I don't mean what you're having for tea.

Have a go at answering this question: **'Qu'est-ce que tu veux faire à l'avenir ?'**

Example: À l'avenir, je voudrais être prof. Par contre, avant cela je veux voyager pendant un an et voir le monde. Je viens de finir mes examens, donc cet été je travaillerai.

Remember, you don't need an article before French job titles.

À l'avenir, *In the future,*	c'est mon rêve de / d' *it's my dream*	devenir *to become*	prof(esseur). *a teacher.*
Après le collège, *After secondary school,*	je voudrais *I would like*		policier / policière. *a police officer.*
Après le lycée, *After college,*	H j'aimerais *I would like*	être *to be*	artiste. *an artist.*
			médecin. *a doctor.*

Par contre, avant cela *However, before that*	je veux *I want*	travailler pour une association *to work for a charity*	pour *in order to*	faire une pause dans mes études. *take a break from my studies.*
	je vais *I am going*			rencontrer des gens. *meet people.*
	H je souhaite *I wish*	voyager pendant un an *to travel for a year*	et *and*	voir le monde. *see the world.*

Higher

Je viens de *I have just*	terminer *finished*	mes examens, *my exams,*	donc cet été *so this summer*	je travaillerai. *I will work.*
	finir *finished*		donc en septembre *so in September*	je vais commencer l'université. *I will start university.*
	réussir *succeeded in*	ma formation, *my training,*		j'irai en vacances. *I will go on holiday.*

My French teacher told me the future was simple...
Add a mixture of tenses to your sentences — it'll make them sound more complex.

Section Nine — Future Opportunities

Travel and Tourism

Where to Go

le pays	country
l'Angleterre (f)	England
l'Algérie (f)	Algeria
le Canada	Canada
la France	France
la France d'Outre-mer (f)	overseas France
le Madagascar	Madagascar
la Martinique	Martinique
le Royaume-Uni	United Kingdom
l'Afrique (f)	Africa
l'Amérique (f)	America
l'Asie (f)	Asia
l'Europe (f)	Europe
la région	region
la province	province
Paris	Paris
le monde	world
global(e)	global
national(e)	national
international(e)	international
francophone	francophone
la francophonie	French-speaking world
le temps	time, weather, climate
le soleil	sun
chaud(e)	hot
froid(e)	cold
la saison	season
l'hiver (m)	winter
le printemps	spring
l'été (m)	summer
l'automne (m)	autumn
aller	to go
à l'étranger	abroad
les vacances (f)	holiday(s)
l'échange (m)	exchange
le projet	plan, project
rêver (à / de)	to dream (about)
pratiquer	to practise
la langue	language
mondial(e)	global, world (adj.)
climatique	climate (adj.)
humide	wet, humid, moist
étranger / étrangère	foreign
annuel(le)	yearly

Higher: mondial(e), climatique, humide, étranger / étrangère, annuel(le)

Accommodation

le logement	accommodation
l'hôtel (m)	hotel
l'appartement (m)	apartment, flat
la place	room, space
la chambre	bedroom
le sol	floor, ground
le camping	camping, campsite
la tente	tent

propre	clean	**Travel**	
réserver	to reserve, book	le transport	(public) transport, transportation
chercher	to look for, search	l'avion (m)	plane
organiser	to organise	la voiture	car
rester	to stay	le bateau	boat
dormir	to sleep	le train	train
coûter	to cost	le bus	bus
le coût	cost	le car	coach
la monnaie	change, currency	le métro	underground, tube
l'euro (m)	euro	le vélo	bike, bicycle, cycling
cher / chère	expensive, dear	l'aéroport (m)	airport
complet / complète	full, complete	la gare	station
la vue	view	la station	(bus) stop, (tube) station
la mer	sea	le port	port, harbour
le bord	edge, side	voyager	to travel
la côte	coast	le voyage	journey, trip, travel
la plage	beach	partir	to leave
l'île (f)	island	retourner	to return, come back
la campagne	countryside	revenir	to come back
la forêt	forest	arriver	to arrive
la montagne	mountain	descendre (de)	to go down
la valise	suitcase	traverser	to cross
le chapeau	hat	manquer	to miss (public transport)
l'étage (m)	floor (of a building)	le billet	ticket, bank note
le paysage	landscape	l'aller (m)	single ticket
la piste	track, trail	l'aller-retour (m)	return ticket
la rivière	river		
le sable	sand		
se plaindre	to complain		

Speech bubble: Alp me!

Higher: la valise, le chapeau, l'étage, le paysage, la piste, la rivière, le sable, se plaindre

le passeport	passport	le magasin	shop
le départ	departure	acheter	to buy
le retour	return	l'argent (m)	money
direct(e)	direct	le musée	museum
la distance	distance	la piscine	swimming pool
le retard	delay	la tour	tower
suivant(e)	next, following	la Tour Eiffel	The Eiffel Tower
debout	standing	la carte	map, menu
où	where	le restaurant	restaurant
la direction	direction	le café	café
rapide	fast, quick	l'office (m)	office
vite	fast, quickly	le site	site
lent(e)	slow	l'endroit (m)	place
le sac	bag, sack	entrer	to enter, go in
le vol	flight	l'entrée (f)	entrance
voler	to fly	fermer	to close, shut (down)
l'arrivée (f)	arrival		
le quai	platform	fermé(e)	closed
louer	to hire	historique	historical
autour	around	nouveau / nouvel / nouvelle	new
communiquer	to communicate	neuf / neuve	(brand) new
complexe	complex, difficult	beau / bel / belle	beautiful, nice

Higher: le vol, voler, l'arrivée, le quai, louer, autour, communiquer, complexe

What to Do

		central(e)	central
la capitale	capital city	ancien(ne)	former, ancient, old
la ville	town, city		
le centre	centre	calme	quiet
le quartier	neighbourhood	visiter	to visit
la zone	zone	la visite	visit, excursion
le bâtiment	building	le tour	tour
le château	castle	la cuisine	cooking, cuisine
le lac	lake	la glace	ice cream, ice
le marché	market	la culture	culture

Section Ten — Travel and Tourism

la nature	*nature*	se situer	*to be situated, to be located*
le tourisme	*tourism*		
le / la touriste	*tourist*	accueillir	*to welcome*
le souvenir	*souvenir, memory*	attirer	*to attract*
		profiter de	*to take advantage, profit, make the most of*
prendre	*to take*		
la photo	*photo*	découvrir	*to discover*
apprendre	*to learn*	accompagner	*to accompany, go with*
passer	*to spend (time)*		
se passer	*to happen, take place*	apercevoir	*to see, notice*
		la foule	*crowd*
se trouver	*to be situated*	goûter	*to taste, try*
commander	*to order*	l'addition (f)	*bill*
la frontière [H]	*border*		
le lieu	*place*		

(Higher: se situer, accueillir, attirer, profiter de, découvrir, accompagner, apercevoir, la foule, goûter, l'addition)

Sentence Builder — Your Holidays

Crikey, I need a holiday after that. Discuss your holidays whilst I dream of a day off...

Use the sentence builder to answer this question: **'Décris tes vacances.'**

Example: Je suis allé en France la semaine dernière car il fait toujours beau là-bas. Nous avons réservé un hôtel dans la forêt qui avait une piscine. Cependant, il y a eu un retard sur la route, donc le voyage a duré longtemps.

Je suis allé(e) *I went*	en France *to France*	l'année dernière *last year*	parce qu' *because*	il fait toujours beau là-bas. *the weather is always nice there.*
	en Europe *to Europe*	la semaine dernière *last week*		
Ma famille et moi sommes allé(e)s *My family and I went*	à Snowdonia *to Snowdonia*	le mois dernier *last month*	car *because*	il y a de beaux villages. *there are beautiful villages.*
	en Amérique *to America*			

Nous avons passé quelques nuits dans *We spent a few nights in*	un hôtel *a hotel*	au bord de la mer *by the sea*	avec *with*	une piscine. *a swimming pool.*
Nous avons dormi dans *We slept in*	un appartement *a flat*	à la campagne *in the countryside*		un restaurant. *a restaurant.*
		dans la forêt *in the forest*	qui avait *which had*	de beaux jardins. *beautiful gardens.*
Nous avons réservé *We booked*	un logement *accommodation*	à la montagne *in the mountains*		

Malheureusement, *Unfortunately,*	il y a eu un problème *there was a problem*	à l'aéroport, *at the airport,*	donc *so*	nous sommes arrivé(e)s en retard. *we arrived late.*
		à la gare, *at the station,*	et *and*	
Cependant, *However,*	il y a eu un retard *there was a delay*	sur la route, *on the road,*	alors *so*	le voyage a duré longtemps. *the journey lasted a long time.*
		au port, *at the port,*		

> **I once stayed in a clock tower — the view was belle...**
> Now try to describe your dream holiday, but remember to use the conditional tense.

Section Ten — Travel and Tourism

Nouns, Articles & Linking Words

Determiners

le	*the (m)*
la	*the (f)*
les	*the (pl.)*
un(e)	*a, an*
du	*some (m)*
de la	*some (f)*
des	*some (pl.)*
ce / cet	*this, that (m)*
cette	*this, that (f)*
ces	*these, those*

Subject Pronouns

je	*I*
tu	*you (sing. inf.)*
il	*he, it (m)*
elle	*she, it (f)*
on	*everyone, you, one, we (inf.)*
nous	*we*
vous	*you (pl. formal)*
ils	*they (m)*
elles	*they (f)*
personne ne (+ verb)	*nobody (+ verb)* — **Higher**
rien ne (+ verb)	*nothing (+ verb)* — **Higher**

Object Pronouns

me	*me*
te	*you (sing. inf.)*
vous	*you (sing. formal)*
le	*him, it (m, direct)*
la	*her, it (f, direct)*
lui	*him, her, it (indirect)*
nous	*us* — **Higher**
vous	*you (pl.)* — **Higher**
les	*them (direct)* — **Higher**
leur	*them (indirect)* — **Higher**

Possessives

mon, ma, mes	*my (m, f, pl.)*
ton, ta, tes	*your (m, f, pl.)*
son, sa, ses	*his / her / its (m, f, pl.)*
notre, nos	*our (m/f, pl.)*
votre, vos	*your (m/f, pl.)*
leur, leurs	*their (m/f, pl.)*
le / la mien(ne)	*mine (m/f)* — **Higher**
les miens / miennes	*mine (pl.)* — **Higher**
le / la tien(ne)	*yours (m/f)* — **Higher**
les tiens / tiennes	*yours (pl.)* — **Higher**
le / la sien(ne)	*his / hers (m/f)* — **Higher**
les siens / siennes	*his / hers (pl.)* — **Higher**

Emphatic Pronouns

	moi	me
	toi	you (sing. inf.)
⎡	lui	him, it (m)
	elle	her, it (f)
	nous	us
	vous	you (pl. formal)
Higher	eux	them (m)
	elles	them (f)
	moi-même	myself
	toi-même	yourself (sing. inf.)
	lui-même	himself
⎣	elle-même	herself

Reflexive Pronouns

	me	myself
	te	yourself (sing. inf.)
	se	himself, herself, itself, oneself
⎡	nous	ourselves, each other
Higher	vous	yourselves, each other (pl. formal)
⎣	se	themselves, each other (m/f)

Indefinite Pronouns

quelqu'un	somebody, someone
tout le monde	everybody, everyone
quelque chose	something
plusieurs	several, many
tout	all, everything

Prepositions

à	at, to, in, on
en	in, by, to
de	of, from
avec	with
sans	without
à cause de	because of
chez	at (the house of), to (the house of), with
avant	before
après	after, afterwards
pour	for, in order to
contre	against
pendant	during
sur	on, upon
sous	under
à côté de	next to
derrière	behind, at the back
devant	in front of
dans	in, inside
entre	between
voilà	there, there you are

⎡	depuis	since, for
	vers	towards
	dès	as soon as
Higher	parmi	amongst
	sauf	except
	par	by, for
	malgré	despite
⎣	jusque	until

Section Eleven — Nouns, Articles & Linking Words

Conjunctions

mais	*but*	
et	*and*	
ou	*or*	
donc	*so, therefore*	
ensuite	*then*	
parce que	*because*	
car	*because*	
par contre	*however*	
comme	*as, like, in terms of*	
si	*if*	
même si	*even if*	

Higher

ne...ni...ni	*neither...nor*
puisque	*because, since*
puis	*then, next*
cependant	*however*
toutefois	*yet*
par exemple	*for example*
afin de	*in order to*
soit	*either*
lorsque	*while, when*
sinon	*otherwise*
quoique	*although*

Section Eleven — Nouns, Articles & Linking Words

Section Twelve

Adjectives and Adverbs

Regular Adjectives

général(e)	general
normal(e)	normal, usual
original(e)	original
vrai(e)	true, correct
lourd(e)	heavy
léger / légère	light
exact(e)	exact
haut(e)	high, tall
essentiel(le)	essential
possible	possible
impossible	impossible
faux / fausse	false
nécessaire	necessary, essential
régulier / régulière	regular
ordinaire	ordinary
positif / positive	positive
négatif / négative	negative

Higher:
suffisant(e)	sufficient, enough
évident(e)	obvious
plein(e)	full
étroit(e)	narrow
entier / entière	whole, full, entire
indispensable	essential
rare	rare
pareil(le)	same

Indefinite Adjectives

quelque	some
même	same, even
autre	other
chaque	each, every
certain(e)	certain
tout(e)	all
nombreux / nombreuses (H)	numerous, many

Adverbs

rapidement	quickly, fast
facilement	easily
seulement	only
simplement	simply
exactement	exactly
absolument	absolutely
complètement	completely
certainement	certainly, surely
parfaitement	perfectly
totalement	totally
réellement	really
clairement	clearly
bien	well, a lot
mal	badly
vite	fast, quickly
même	even
aussi	also, as well
encore	again, yet, still

	déjà	already	peu (de)	few, little
	alors	so, well, then	plusieurs	several, many
	ensuite	then	vraiment	really
	souvent	often	extrêmement	extremely
Higher	actuellement	currently, at the moment	plutôt	rather
			particulièrement	particularly
	autrement	otherwise, differently, in a different way	entièrement	entirely, completely
			presque	nearly
	différemment	differently	tant	so much, so many
	évidemment	obviously		
	apparemment	apparently	tellement	so much
	uniquement	only		
	ailleurs	somewhere else, besides, by the way		

Comparatives and Superlatives

pourtant	yet, nonetheless	
également	also, too, as well, equally	
puis	then, next	
surtout	especially	
d'abord	firstly	
ainsi	so, thus	

Quantifiers and Intensifiers

trop	too	plus de	more	
trop de	too much, too many	moins de	less	
		plus...que	more...than	
très	very	moins...que	less...than	
assez	quite, enough	aussi...que	as...as	
beaucoup de	a lot of, many	meilleur(e)	better (adj.)	
un peu de	a few, a little	mieux	better (adv.)	
		pire	worse, worst (adj.)	

	le / la / les plus	the most
	le / la / les moins	the least
Higher	le / la / les meilleur(e)(s)	the best (adj.)
	le mieux	the best (adv.)
	le / la / les pire(s)	the worst (adj.)

Notes

Notes

Notes

Notes

Progress Chart

Use this handy grid to track how you feel about each section.

Vocabulary Book Progress	😕	🙂	😉
Section One — General Stuff			
Section Two — Identity and Relationships			
Section Three — Healthy Living and Lifestyle			
Section Four — Free-time Activities			
Section Five — Places in Town			
Section Six — Environmental and Social Issues			
Section Seven — Social Media and Technology			
Section Eight — School			
Section Nine — Future Opportunities			
Section Ten — Travel and Tourism			
Section Eleven — Nouns, Articles and Linking Words			
Section Twelve — Adjectives and Adverbs			

Progress Chart